1
세상의 시작, 제우스의 탄생

주니어RHK

신화의 가치

신화는 한 민족의 기원이나 역사적 · 종교적 · 문화적 삶의 모습을 보여 주는 옛이야기입니다. 주로 신과 영웅에 관한 이야기가 많고, 오랫동안 입에서 입으로 전해 내려왔다는 특징이 있지요.

우리가 살펴볼 그리스 로마 신화는 고대 그리스와 로마에 전해 오는 신화와 전설을 한데 묶은 것입니다. 그리스 로마 신화는 고대의 삶을 엿보게 해 주는 문화유산일 뿐만 아니라, 세계 여러 나라의 문학과 미술에 큰 영향을 끼쳤습니다. 하지만 문화적 가치만큼이나 중요한 것이 또 있습니다. 오래된 옛이야기이면서도 거기에 담긴 교훈적 가치가 오늘날에도 여전히 쓸모 있고 중요하다는 사실입니다.

놀랍지 않나요? 수천 년 전의 이야기가 어떻게 과학 문명이 고도로 발달한 오늘날에도 통하는 것일까요? 그것은 바로 그리스 로마 신화에 나오는 신과 영웅의 모습이 오늘날 우리의 모습과 다르지 않기 때문입니다. 신들도 우리처럼 분노하고, 질투하고, 실수를 하지요. 그런 모습을 보면서 우리는 깔깔 웃거나 눈물을 흘리고, 교훈과 감동을 얻습니다. 우리가 그리스 로마 신화를 읽어야 하는 까닭이 바로 이것입니다.

신화의 세계로 떠날 여러분에게 한마디 덧붙이자면, 신화는 우리에게 끝없는 상상력을 요구한다는 점입니다. 신화 속에는 수많은 은유와 상징이 곳곳에 널려 있지요. 따라서 신화를 읽을 때에는 상상력을 최대한 발휘하여 신화 속에 숨겨진 의미를 찾고, 그것을 자기 나름대로 재해석하는 과정이 필요합니다. 이렇게 읽었을 때에야 비로소 여러분 앞에 놀라운 삶의 이야기가 펼쳐질 것입니다.

자, 그럼 흥미진진한 신화의 세계 속으로 함께 떠나 볼까요?

우리가 살고 있는 이 세상은 어떻게 시작되었을까요?
하늘은 어떻게 생겨났고, 땅은 어떻게 만들어졌을까요?
그리스 신화에 따르면 이 모든 것은 '카오스'로부터 시작됩니다.
자, 그럼 세상이 어떻게 생겨나고,
신과 인간, 동물이 어떻게 탄생하게 되었는지 함께 알아볼까요?

주요 등장인물

⚜ 제우스 ⚜

올림포스 신들의 왕으로 하늘과 벼락의 신이에요. 크로노스로부터 형제들을 구해 낸 뒤, 티탄 족과의 싸움에서 승리해 신들의 왕이 돼요.

⚜ 아테나 ⚜

제우스의 딸로 전쟁과 지혜의 여신이에요. 프로메테우스가 만든 인간에게 영혼을 불어넣어 주었어요.

⚜ 프로메테우스 ⚜

티탄 족이지만, 제우스를 섬겨요. 자신이 창조한 인간을 사랑하여 제우스 몰래 불을 전해 주고, 그 때문에 큰 벌을 받아요.

⚜ 에피메테우스 ⚜

프로메테우스의 동생으로, 깨달음이 늦고 충동적인 성격을 지녔어요. 이름의 뜻은 '나중에 생각하는 자'예요.

⚜ 포세이돈 ⚜

바다의 신으로, 제우스와 형제 사이예요. 제우스가 티탄 족과 싸울 때 그를 도와 싸움을 승리로 이끌어요.

⚜ 레아 ⚜

크로노스의 아내이자 제우스의 어머니예요. 자식을 낳을 때마다 크로노스가 삼켜서 고통을 받아요. 제우스를 구하려고 크로노스를 속여요.

⚜ 크로노스 ⚜

땅의 신 가이아와 하늘의 신 우라노스의 아들로, 제우스의 아버지이기도 해요. 성격이 난폭하고 폭력적이에요.

1
세상의 시작

어둠의 신 에레보스와 밤의 여신 닉스가 태어났습니다.
이 두 신은 낮의 신 헤메라와 공기의 여신 아이테르를 낳았습니다.
이렇게 해서 세상에 밤과 낮, 어둠과 밝음이 생겨났습니다.

상상할 수도 없이 까마득히 먼 옛날, 세상에 살아 있는 것이라고는 아무것도 없던 때가 있었습니다. 모양도 색깔도 없이 모든 것이 뒤섞여 그저 막막하게 퍼진 덩어리만 있었지요. 이 상태를 '카오스'라고 합니다.

그러던 어느 날, 이 카오스 속에서 어둠의 신 에레보스와 밤의 여신 닉스가 태어났습니다. 그리고 이 두 신은 낮의 신 헤메라와 공기의 여신 아이테르를 낳았습니다. 이렇게 해서 세상에 밤과 낮, 어둠과 밝음이 생겨났습니다.

우주의 기원 '카오스'

모양도 질서도 없이 모든 것이 뒤섞여 막막하게 퍼진 상태를 '카오스'라고 해요. 고대 그리스 인들은 이 카오스에서 우주가 생겨났다고 믿었어요. 카오스는 본디 '입을 벌리다'라는 뜻이에요. 입속처럼 어둡고 텅 빈 곳을 말할 때 카오스라고 했어요. 카오스와는 반대로 질서 있고 조화로운 우주는 '코스모스'라고 해요.

세상은 점점 모습을 갖추어 갔습니다. 가벼운 불과 공기는 위로 올라갔고, 무거운 땅은 아래에 자리를 잡았지요. 그리고 물은 땅을 감싸 안았습니다.

땅은 곧 스스로 생명을 얻어 가이아라는 여신이 되었습니다. 가이아가 위로 솟구치자 하늘의 신 우라노스가 태어났습니다. 가이아와 우라노스는 곧 새로운 생명을 낳기 시작했습니다.

가이아가 하늘을 향해 등을 구부리자 부드럽고 따스한 초록빛 언덕이 생겨났습니다. 그리고 그 언덕에서 거인 족 티탄이 태어

났지요. 열두 남매인 티탄 가운데에는 힘이 무척 센 크로노스와 아름다운 레아가 있었습니다.

가이아는 또 팔이 백 개나 달린 *흉물스러운 괴물 삼형제 헤카톤케이레스와 이마 한가운데에 눈이 하나 박힌 키클롭스도 낳았습니다. 이들은 모두 힘이 세고 성질도 어찌나 *난폭한지 끝없이 서로 싸우고 으르렁거렸습니다. 그러자 우라노스는 괴물 같은 자식들을 땅속 깊은 곳에 있는 타르타로스에 가두어 버렸습니다.

*흉물스러운 모양이 흉하고 괴상한.
*난폭하다 행동이 몹시 거칠고 사납다.

우라노스가 자식들을 가둔 땅속은 곧 가이아의 배 속이었습니다. 그러자 가이아의 고통은 이루 말할 수 없었습니다. 자신의 몸속에서 끝없이 되풀이되는 싸움 때문에 배가 아팠기 때문이지요.

"우라노스, 제발 내 배 속에서 아이들을 꺼내 주세요."

가이아는 우라노스한테 사정했습니다. 하지만 우라노스는 가이아의 호소를 들은 척도 하지 않았습니다. 고통을 참다못한 가이아는 티탄들 중 가장 힘이 센 크로노스를 불러 부탁했습니다.

"크로노스야, 네 아버지의 *횡포에서 나를 좀 구해다오."

하지만 크로노스는 어머니와의 약속을 어기고 괴물 형제들을 어머니의 몸속에서 꺼내 주기는커녕 더 깊은 곳으로 몰아넣었습니다. 화가 난 가이아는 크로노스에게 이렇게 예언했습니다.

"네가 아버지 우라노스한테 했듯이 네 자식도 너를 몰아낼 것이다."

*횡포 제멋대로 굴며 몹시 난폭함.

2
제우스의 탄생

크로노스는 확인도 하지 않고 돌덩이를 허겁지겁 삼켜 버렸습니다.

레아는 빼돌린 아기를 님프들에게 맡겨 기르게 했습니다.

이 아기가 바로 훗날 신들의 왕이 되는 제우스입니다.

티탄들은 서로 결혼하여 여러 신들을 낳기 시작했습니다. 크로노스도 레아와 결혼을 했습니다. 그런데 아기가 태어날 때가 되자 크로노스는 은근히 걱정이 되었습니다. 바로 가이아의 예언 때문이었지요.

시간이 흘러 레아가 아들을 낳자, 크로노스는 아기를 꿀꺽 삼켰습니다.

"내 자식들은 모두 내 배 속에서 키우겠어."

"크로노스, 제발!"

레아가 아무리 애원을 해도 크로노스는 태어나는 아기마다 삼켜 버렸고, 그의 배 속에는 어느새 다섯이나 되는 자식들이 갇혔습니다.

‘아, 이 아이마저 크로노스의 배 속에 들어가게 할 수는 없어.’

레아는 여섯 번째 아이만큼은 꼭 구하고 싶었습니다. 그래서 가이아에게 의논을 했습니다. 가이아는 아기를 구할 방법을 가르쳐 주었습니다.

며칠 후, 레아가 여섯 번째 아기를 낳았습니다. 레아는 가이아가 가르쳐 준 대로 아기 대신 커다란 돌을 포대기에 싸서 크로노스한테 주었습니다. 크로노스는 확인도 하지 않고 돌덩이를 허겁지겁 삼켰습니다.

레아는 빼돌린 아기를 요정들한테 맡겨 기르게 했습니다. 이 아기가 바로 훗날 신들의 왕이 되는 제우스입니다.

제우스는 요정들의 보살핌 속에서 엄마 젖 대신 산양의 젖을 먹으며 무럭무럭 자라났습니다. 제우스를 숨겨서 키우기란 쉬운 일이 아니었습니다. 울음소리가 너무나도 *우렁찼기 때문이지요. 아기가 울 때마다 요정들은 동굴 밖에서 방패를 두들겼습니다. 크로노스의 귀에 아기 울음소리가 들리지 않게 하려는 것이었습니다.

어느덧 제우스는 키가 무척 크고 힘이 아주 센 건장한 신으로 자라 누가 봐도 믿음직스러웠습니다.

*우렁차다 소리의 울림이 매우 크고 힘차다.

그러던 어느 날, 제우스는 요정들로부터 자신의 탄생을 둘러싼 비밀을 듣게 되었습니다.

'이럴 수가! 내 형제들이 크로노스의 배 속에 있다니! 내 형제들을 당장 구해야겠어.'

제우스는 주먹을 불끈 쥐며 이렇게 다짐했습니다. 하지만 무엇부터 해야 할지 알 수가 없었습니다. 고민 끝에 제우스는 정의의 여신 테미스를 찾아갔습니다.

“테미스 여신님, 저는 크로노스의 배 속에 갇혀 있는 제 형제 자매들을 구하고 싶습니다. 저를 도와주십시오.”

제우스가 간절히 부탁을 하자 테미스는 토하는 약을 만드는 법을 가르쳐 주며 이렇게 말했습니다.

“그 약을 크로노스의 음식에 타서 먹여라. 그러면 배 속에 있는 네 형제들을 토해 낼 것이다.”

제우스는 숲으로 가서 약초를 뜯어 약을 만들었습니다.

제우스는 그 약을 고이 가지고 크로노스가 살고 있는 궁전으로 향했습니다.

제우스는 크로노스의 궁전에서 어머니 레아를 만났습니다.

"어머니!"

가이아의 *귀띔을 받은 레아는 제우스가 올 것을 알고 있었습니다.

"그래, 제우스구나. 이렇게 훌륭하게 자라다니……. 내가 이렇게 성장한 아들을 만나다니 기쁘구나."

레아는 눈물을 흘리며 제우스를 끌어안았습니다.

"어머니, 이젠 더 이상 울지 마세요. 제가 크로노스로부터 형제들을 모두 구해 내겠습니다."

"그래. 그렇게만 된다면야 내가 뭘 더 바라겠니."

*귀띔 상대편이 눈치로 알아차릴 수 있도록 미리 슬그머니 일깨워 줌.

레아는 눈물을 훔치며 말했습니다.

“여기 방법이 있어요. 기회를 보아 이 약을 크로노스의 음식에 넣으세요. 이 약이 형제들을 구해 줄 거예요.”

레아는 제우스가 준 약병을 받아 들고는 제우스를 궁전 깊은 곳에 숨겨 주었습니다.

제우스에게서 약병을 받은 레아는 *호시탐탐 크로노스의 음식에 약을 탈 기회를 엿보았습니다. 어느 날, 드디어 레아는 크로노스의 눈을 피해 음식에 약을 탈 수 있었습니다. 아무것도 모르고 맛있게 먹던 크로노스는 갑자기 음식을 토해 내기 시작했습니다. 토하는 소리가 어찌나 큰지 세상이 다 흔들릴 지경이었지요.

"으웩! 웩!"

토할 때마다 크로노스의 입에서는 그동안

*호시탐탐 남의 것을 빼기 위해 형세를 살피며 가만히 기회를 엿봄. 또는 그런 모양.

갇혀 있던 제우스의 형제들이 하나씩 튀어나왔습니다. 크로노스는 제우스를 대신한 돌을 토해 낸 다음, 포세이돈, 하데스, 헤라, 데메테르, 헤스티아를 차례로 토해 냈습니다. 모두 토해 낸 크로노스는 레아를 향해 불같이 화를 냈습니다. 하지만 레아는 이미 어디선가 나타난 제우스의 보호를 받고 있었습니다. 크로노스는 곧 제우스를 알아보았습니다.

제우스는 형제들을 데리고 올림포스 산으로 가서 궁전을 짓고 그곳에서 함께 살았습니다.

"감히 나를 속이다니!"

크로노스는 화가 나서 견딜 수가 없었습니다. 크로노스는 자신의 형제들인 티탄들을 모두 불러 모았습니다.

"올림포스 산에 있는 자식들이 언젠가는 나를 쫓아내고, 세상을 지배하려 들 거야. 저들의 힘이 더 세지기 전에 없애 버리자."

티탄들은 모두 크로노스의 의견에 찬성했습니다. 티탄들도 제우스와 그 형제들의 힘이 커지는 것을 걱정했기 때문입니다. 하지만 티탄들 가운데 프로메테우스와 에피메테우스는 생각이 달랐습니다.

티탄들이 곧 공격해 올 것이라는 소식을 들은 제우스는 하데스, 포세이돈, 헤스티아, 데메테르, 헤라와 의논을 했습니다. 하지만 자신들의 힘만으로는 티탄을 상대하기가 *벅차다는 의견이 모아졌습니다. 제우스와 형제들은 잔뜩 걱정을 하며 고민에 휩싸였습니다.

*벅차다 감당하기가 어렵다.

3
신들의 전쟁

드디어 하늘과 땅의 운명이 걸린 엄청난 전쟁이 시작되었습니다.
제우스는 티탄들을 향해 쉴 새 없이 불벼락을 날렸습니다.
포세이돈은 구름을 만들어 거센 비와 바람을 일으켰습니다.

제우스는 생각 끝에 다시 테미스를 찾아가 도움을 청했습니다. 테미스는 잠시 생각에 잠기더니 입을 열었습니다.

"우라노스와 크로노스에 의해 외눈박이 키클롭스와 팔이 백 개 달린 헤카톤케이레스 형제가 타르타로스에 갇힌 것을 알고 있느냐?"

"어머니께 들어서 알고 있습니다."

"그래, 그럼 그들에게 도움을 청해 보거라."

제우스와 형제들은 가이아의 도움을 받아 타르타로스로 들어갔습니다.

"티탄 족이 저희를 공격하려 합니다. 저희들을 도와주십시오."

"우리를 이곳에서 나갈 수 있게만 해 준다면 뭐든 도와주지."

제우스와 형제들은 키클롭스와 헤카톤케이레스 형제들을 타르타로스에서 구출해 올림포스 산으로 데려왔습니다. 무엇이든 만들 줄 아는 재주를 가진 키클롭스 형제는 제우스와 형제들에게

세상에서 가장 멋진 무기를 하나씩 만들어 주었습니다. 제우스에게는 불벼락을, 포세이돈에게는 거대한 파도를 일으키는 *삼지창을, 하데스에게는 모습을 감추는 마법 *투구를 선물했습니다.

*삼지창 끝이 세 갈래로 갈라진 창.
*투구 전투할 때 적의 화살이나 칼날로부터 머리를 보호하기 위해 쓰던 쇠로 된 모자.

제우스와 형제들이 싸울 준비를 갖추는데 티탄 족 쌍둥이 형제인 프로메테우스와 에피메테우스가 올림포스 산으로 찾아왔습니다. 이 형제는 우라노스와 가이아가 낳은 티탄 열두 남매 중 다섯째인 이아페토스의 아들들이었습니다.

"우리들은 당신 편에 서서 티탄들과 싸우겠소."

"당신들은 티탄 족인데 왜 우리 편이 되겠다는 것이오?"

"우리는 앞으로 당신이 세상의 주인이 되리라는 것을 알기 때문이오."

프로메테우스가 말했습니다. 프로메테우스라는 이름은 '먼저 아는 자'란 뜻입니다. 이처럼 프로메테우스는 앞으로 닥칠 일을 미리 알고 있었습니다. 그래서 싸움에서 이기는 편에 서려고 한 것이지요. 제우스는 이 형제들을 기쁘게 받아들였습니다.

바다의 신 포세이돈

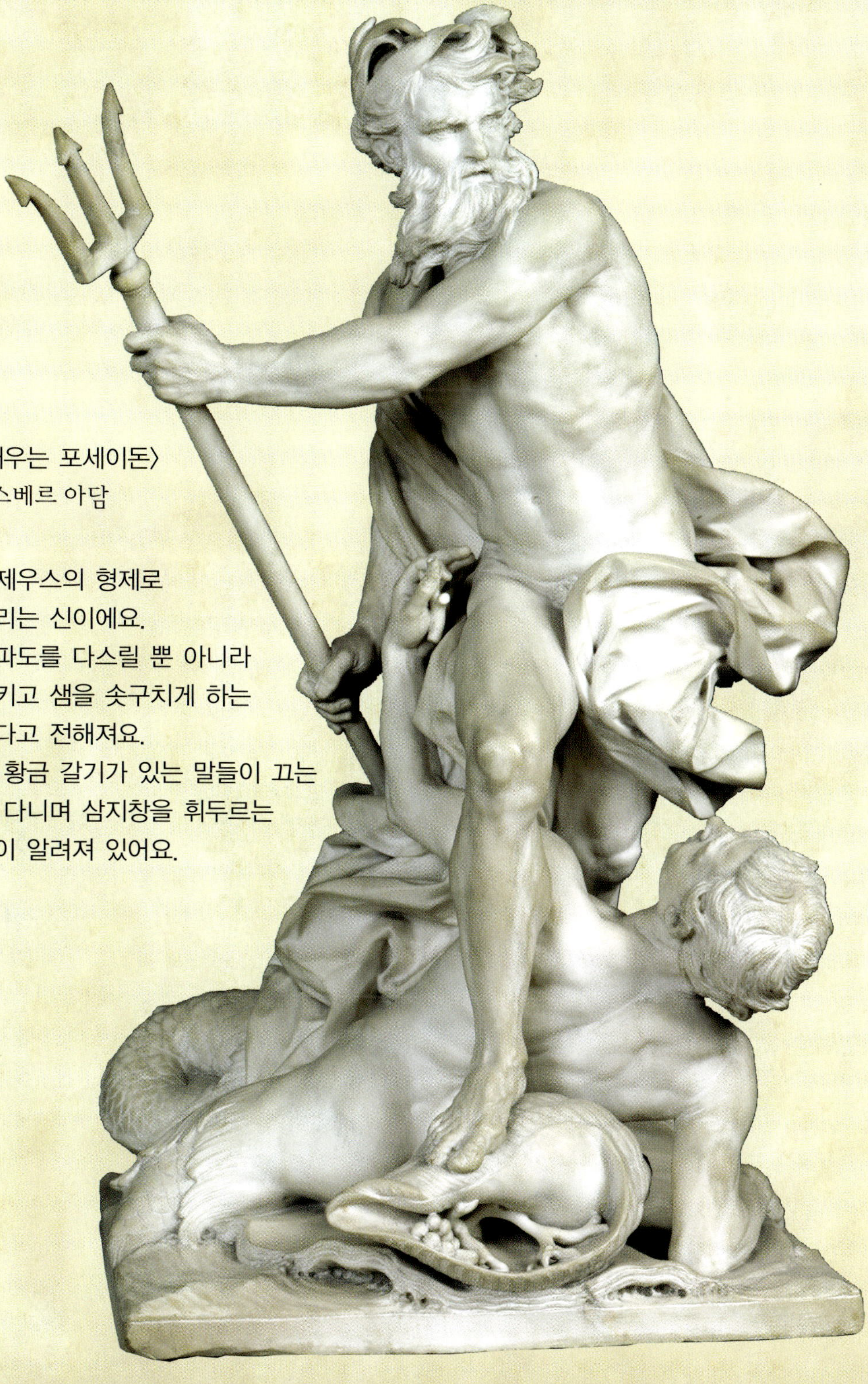

〈바다를 잠재우는 포세이돈〉
랑베르 시지스베르 아담

포세이돈은 제우스의 형제로 바다를 다스리는 신이에요. 포세이돈은 파도를 다스릴 뿐 아니라 폭풍을 일으키고 샘을 솟구치게 하는 능력을 가졌다고 전해져요. 청동 발굽과 황금 갈기가 있는 말들이 끄는 마차를 타고 다니며 삼지창을 휘두르는 모습으로 많이 알려져 있어요.

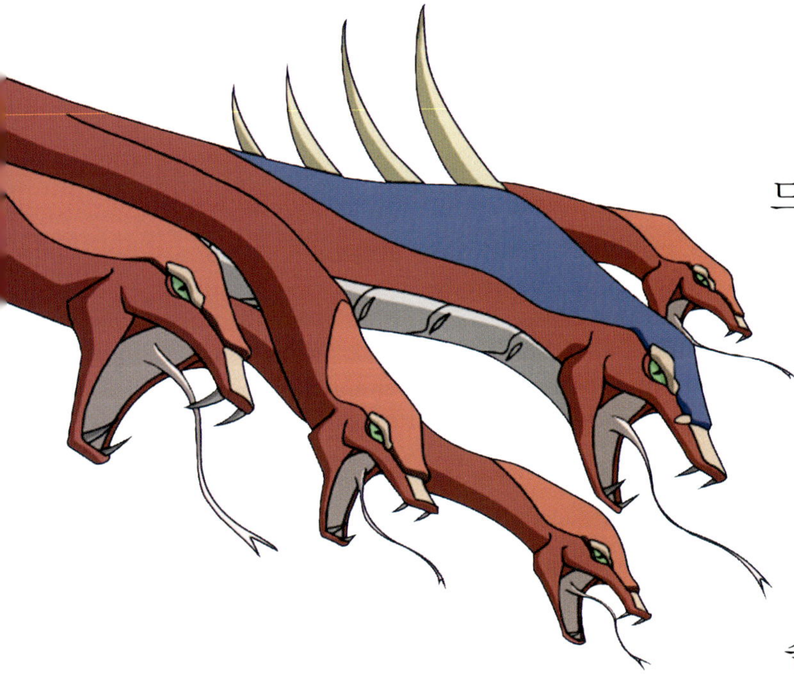

드디어 하늘과 땅의 운명이 걸린 엄청난 전쟁이 시작되었습니다. 제우스는 티탄들을 향해 쉴 새 없이 불벼락을 날렸습니다. 포세이돈은 구름을 만들어 거센 비와 바람을 일으켰습니다. 팔이 백 개나 달린 헤카톤케이레스도 이들을 도왔습니다.

하지만 티탄들도 결코 만만한 상대가 아니었지요. 더군다나 그들 옆에는 거인 족 기간테스들도 있었습니다.

어느 쪽이 이긴다고 장담하기 어려울 만큼 두 편으로 갈린 신들의 힘은 *막상막하였습니다.

거인 족 기간테스

기간테스는 대지의 여신 가이아의 자식들이에요. 전해 오는 이야기에 따르면 크로노스가 아버지인 우라노스를 무찌를 때 우라노스가 흘린 피가 대지에 스며들어 태어났다고 해요. 기간테스는 성미가 사납고 힘이 아주 셌으며, 괴상한 짓만 골라서 했어요. 그중에는 팔이 백 개인 기간테스, 불을 내뿜는 기간테스 등도 있어서 한때는 신들도 두려움을 느낄 정도였지요. 영어에서 거인을 뜻하는 '자이언트(Giant)'는 바로 기간테스(Gigantes)에서 나온 말이에요.

*막상막하 더 낫고 못함의 차이가 거의 없음.

그러다가 제우스가 크로노스의 공격을 받아 위험한 순간에 놓였습니다. 하지만 그때 하데스가 마법의 투구를 쓰고 크로노스에게 접근하여 크로노스를 붙잡았습니다. 때를 놓치지 않고 제우스는 온 힘을 쏟아 불벼락을 던져서 땅을 가르고는 크로노스를 깊은 땅속으로 떨어뜨렸습니다.

신들의 전쟁이 끝나고, 올림포스 산에 다시 평화가 찾아왔습니다. 제우스와 형제들은 평화롭게 세상을 나누어 다스리기로 했습니다.

제우스는 태어난 순서대로 보면 막내였지만, 태어나자마자 아버지의 배 속에 들어갔다가 다시 나온 다른 형제들과 견주면 먼저 태어난 것이기도 했습니다. 그래서 신들의 왕이 되어 올림포스 산에서 신들의 세계를 다스렸습니다.

제우스의 형이면서 동시에 동생이기도 한 포세이돈은 한 손에 커다란 삼지창을 들고 바다를 다스리기로 했습니다. 포세이돈은 제우스 다음으로 큰 *권능을 가졌습니다. 하데스는 땅 밑 죽은 자들의 세계를 다스렸고, 여신 헤스티아는 불과 난로를 다스렸습니다. 데메테르는 대지와 곡식의 여신이 되었고, 제우스와 결혼한 헤라는 신성한 결혼을 다스리는 여신이 되었습니다.

*권능 권세와 능력.

4
땅 위의 생명들

긴 목을 가진 기린, 기다란 코를 늘어뜨린 코끼리,

날카로운 이빨을 가진 호랑이와 사자,

물속에서 헤엄칠 수 있는 지느러미를 가진 물고기 등

가지각색의 특성을 가진 동물들이 생겨났습니다.

올림포스 산에 신들이 모여 사는 것과는 달리 땅 위에는 그저 물과 바람, 나무와 땅만 있을 뿐이었습니다.

어느 날, 제우스는 헤라와 함께 세상을 내려다보다가 중얼거렸습니다.

"흐음, 세상이 너무 *적적하군. 뭔가 살아 움직이는 것들이 있어야겠어."

"좋은 생각이에요."

아내 헤라도 곁에서 맞장구를 쳤습니다. 제우스는 곰곰이 생각한 끝에 프로메테우스 형제를 떠올렸습니다.

*적적하다 조용하고 쓸쓸하다.

프로메테우스 형제는 손재주가 뛰어나 무엇이든 잘 만들었기 때문입니다. 제우스는 곧 그들을 신전으로 불렀습니다.

“프로메테우스, 에피메테우스! 땅 위 세상이 조용하고 쓸쓸하니 땅에서 살 생명체들을 만들어 보시오.”

“이런 큰 일을 맡게 되어 영광입니다.”

프로메테우스 형제는 제우스의 뜻에 따르기로 했습니다.

프로메테우스는 제우스의 명령에 따라 동생 에피메테우스와 함께 땅으로 내려왔습니다. 이때 제우스의 딸 아테나도 아버지의 명령으로 이들을 따라왔습니다.

“자, 제우스 님께서 당신들이 만들 생명체에게 주시는 선물입니다.”

아테나는 프로메테우스에게 제우스가 준 선물 보따리를 건넸습니다.

프로메테우스와 에피메테우스는 무엇을 만들지 한참 고민을 했습니다.

"음, 무엇을 어떻게 만들지?"

"재료는 무엇을 쓸까?"

에피메테우스가 먼저 제안했습니다.

"형, 지금 우리가 밟고 있는 흙으로 뭔가를 만들어 보면 어때? 나무와 풀을 키워 내는 흙이라면 분명히 좋은 재료가 되지 않을까?"

"그래, 흙을 물에 적시면 뭐든 만들 수 있겠구나."

형제는 상상력을 발휘하여 흙덩이를 주물럭거리며 이런저런 모양을 만들어 보았습니다. 하지만 마음에 썩 들지는 않았습니다. 한참 동안 애쓴 뒤에야 드디어 재미있는 모양이 하나둘 만들어졌습니다.

"자, 이것 봐! 어때? 쓸 만해 보이지 않아?"

프로메테우스 형제 곁에 있던 아테나가 말했습니다.

"자, 그럼 이리 주세요. 내가 생명을 불어넣을게요."

지혜의 여신 아테나는 두 형제가 흙으로 빚은 물체에 입김을 불어 생명을 불어넣어 주었습니다. 그러자 그것들이 움직이기 시작했습니다.

"자, 너에게는 공중을 날아다닐 수 있는 날개를 주마."

에피메테우스는 한 물체에 날개를 달아 주었습니다.

그리고 아테나가 생명을 불어넣자 하늘로 훨훨 날아오르기 시작했습니다.

“좋아, 이제부터 너희를 새라고 부르도록 하지.”

프로메테우스는 날아가는 물체에게 이름을 지어 주었습니다.

프로메테우스와 에피메테우스는 열심히 새로운 것들을 만들었습니다. 그리고 그들이 무언가 만들 때마다 아테나가 생명을 불어넣어 살아 있는 생명체로 만들어 주었습니다.

에피메테우스는 제우스가 준 선물 보따리를 열어, 자신들이 만든 생명체에게 줄 선물을 하나씩 나눠 주었습니다.

긴 목을 가진 기린, 기다란 코를 늘어뜨린 코끼리, 날카로운

이빨을 가진 호랑이와 사자, 물속에서 헤엄칠 수 있는 지느러미를 가진 물고기 등 가지각색의 특성을 가진 동물들이 이렇게 생겨났습니다.

날이 갈수록 세상에는 점점 더 많은 동물들이 탄생했습니다.

5
인간의 탄생

프로메테우스는 다시 무언가를 열심히 만들기 시작했습니다.

"자, 이건 어떠냐?"

"하하. 그건 우릴 닮은 것 같은데."

"됐어! 이걸 인간이라고 부르자."

그러던 어느 날, 프로메테우스가 말했습니다.
"아직도 뭔가 부족한 것 같아."

"뭐가 부족해? 이만하면 충분하지 않아?"

에피메테우스는 손에 묻은 흙을 탁탁 털며 말했습니다. 프로메테우스는 다시 무언가를 열심히 만들기 시작했습니다.

"자, 이건 어떠냐?"

"하하. 그건 우릴 닮은 것 같은데."

"됐어! 이걸 인간이라고 부르자. 아테나, 이것도 부탁하오."

아테나가 인간에게 생명을 불어넣어 주자, 프로메테우스는 제우스의 선물 보따리를 뒤졌습니다.

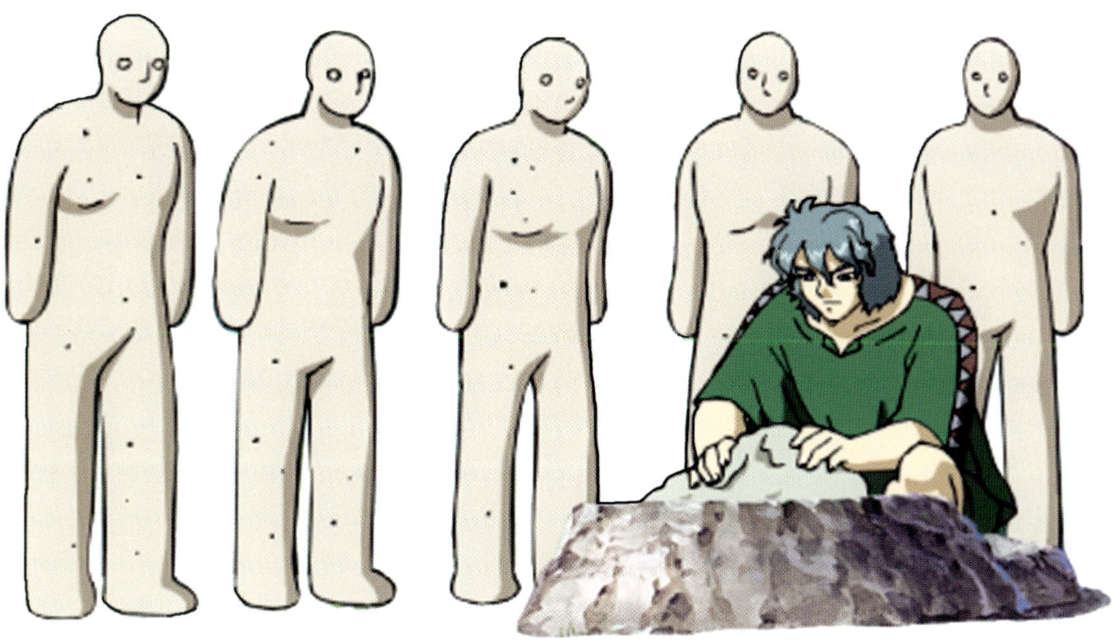

"우리 모습을 *본떴으니 특별한 능력을 주고 싶은데, 제우스 님의 선물 보따리에는 뭐가 남았지?"

"형, 주머니에는 이제 아무것도 남아 있지 않아."

"뭐라고? 그게 무슨 말이야?"

"튼튼한 다리, 날개, 날카로운 이빨을 모두 동물한테 주었잖아."

"이런, 이렇게 어리석을 수가! 우릴 닮은 이들이 아무런 힘도 없다면 어떻게 살아간단 말이냐!"

프로메테우스는 인간들을 바라보며 *탄식했습니다.

*본뜨다 이미 있는 대상을 본으로 삼아 그대로 좇아 만들다.
*탄식하다 원통하거나 뉘우치는 일이 있어 한숨을 쉬다.

프로메테우스는 인간들을 둘러보았습니다. 다른 동물들이 가진 털가죽도, 날카로운 이빨도, 발톱도, 날개도 없는 인간들이 가엾게도 부들부들 떨고 있었습니다.

"아, 이렇게 *가련한 인간에게 도대체 뭘 주면 좋단 말인가?"

두 형제는 머리를 싸매고 *골똘히 생각에 잠겼습니다.

"그래! 인간들에게 불을 줘야겠어."

"뭐라고? 그건 말도 안 돼. 불은 신들만이 쓸 수 있는 거라고."

"우릴 닮은 특별한 존재인데, 다른 동물들이 가지지 못한 특별한 것을 주어야 동물을 지배할 수 있지."

"하지만 우리에게는 불이 없는걸. 어떻게 줄 수 있지?"

"제우스 님에게 부탁해 봐야지."

프로메테우스는 올림포스로 제우스를 찾아갔습니다.

*가련한 가엾고 불쌍한.
*골똘히 한 가지 일에 온 생각을 쏟아 딴 생각이 없이.

"프로메테우스, 오랜만이군. 자네가 만든 동물들 덕분에 땅 위가 무척 활기차고 즐거운 세상이 되었더군."

"감사합니다. 그런데 제우스 님께서 주신 선물을 다 써 버려서 정작 우리 신들을 닮은 인간들에게 줄 선물이 없습니다."

"음, 그런가?"

"인간들에게 불을 나눠 주시면 안 될까요? 인간들이 불을 가지면 음식을 익혀 먹을 수 있고, 추위로부터 몸을 보호할 수 있을 것입니다."

"뭐라고? 인간들이 불을 가지면 신들을 우습게 여길 텐데,

불이라니 당치도 않지. 절대 안 돼!"

제우스가 강력히 반대하는 바람에 프로메테우스는 그대로 돌아올 수밖에 없었습니다. 프로메테우스는 익히지도 않은 음식을 날것으로 먹으며 추위에 떠는 인간들의 모습에 가슴이 아팠습니다.

"나는 내가 만든 인간들이 무척 사랑스러워. 어떻게 해서든 인간들에게 특별한 능력을 주고 싶어."

한참을 고민하던 프로메테우스는 두 주먹을 불끈 쥐고 일어섰습니다.

'그래, 이 방법밖에는 없어!'

프로메테우스는 곧바로 올림포스로 갔습니다. 마침 신들은 모두 잔치를 벌이느라 *야단법석이었습니다. 프로메테우스는 살금살금 불이 있는 대장간으로 갔습니다. 그날따라 대장간을 지키는 신 헤파이스토스도 보이지 않았습니다.

'그래, 바로 이때야!'

프로메테우스는 미리 준비해 간 속이 빈 갈대 줄기를 꺼내 불을 한가득 퍼 올렸습니다.

'드디어 인간들에게 불을 줄 수 있게 되었어!'

프로메테우스는 서둘러서 인간들이 있는 땅 위로 돌아왔습니다.

***야단법석** 많은 사람들이 모여들어 떠들썩하고 어수선함.

인간을 위해 불을 훔치는 프로메테우스

〈불을 훔치는 프로메테우스〉 얀 코시에르스

인간을 사랑하고 아끼는 프로메테우스가 신들에게서 불을 훔쳐 달아나는 모습이에요. 여기서는 헤파이스토스의 대장간에서 불을 훔친 것으로 나오지만, 아테나 여신의 마차 또는 헤스티아 여신의 부뚜막에서 불을 훔쳤다고 전해지기도 해요. 그림 속 프로메테우스는 불을 들고 도망을 가면서도 제우스의 눈치를 살피는 듯 하늘을 힐끔 올려다보고 있어요.

프로메테우스가 불을 전해 주자, 인간들의 기쁨은 이루 말할 수가 없었습니다. 불로 추위를 이기고, 음식을 익혀 먹을 수도 있으며, 횃불을 만들어 사나운 동물들을 쫓을 수도 있게 되었으니까요. 또 불을 이용하여 도구와 무기를 만들 수도 있었습니다.

전과는 완전히 다른 삶을 살 수 있게 된 것이지요.

"인간들에게 불을 갖다 주길 잘했어."

"그런데 형, 제우스 님이 이 사실을 알게 되면 가만있지 않을 거야."

에피메테우스가 걱정스럽게 말했습니다.

"걱정 마라, 전부 내가 책임질 테니."

프로메테우스도 막상 일을 저지르고 보니 걱정이 이만저만이 아니었습니다. 제우스가 이 사실을 아는 데에는 그리 오랜 시간이 걸리지 않았습니다. 인간 세상을 내려다보던 제우스는 인간들이 불을 쓰는 광경을 보고 *노발대발했습니다.

"프로메테우스 이놈! 나를 속이고 인간들에게 불을 가져다주었군. 내 가만두지 않을 테다."

제우스는 머리끝까지 화가 났습니다. 하지만 곧바로 프로메테우스에게 벌을 내리지는 않았습니다.

***노발대발하다** 몹시 노하여 펄펄 뛰며 성을 내다.

신화 OLYMPUS GUARDIAN 뒷이야기

아주 오랜 옛날부터 사람들은 '이 세상은 어떻게 시작되었을까?', '밤과 낮은 어떻게 해서 생겨나고, 계절은 왜 변하며, 생물은 왜 태어나고 자라는가?'와 같은 의문을 끊임없이 가졌습니다.

그리스 로마 신화에 의하면 세상이 시작되기 전 모든 것이 뒤엉켜 아무런 모양도 형태도 없던 카오스에서 밝음과 어둠이 생겨나고, 낮과 밤이 생겨납니다. 땅은 스스로 생명을 얻어 가이아라는 여신이 되었고, 우라노스와의 사이에서 수많은 신을 잉태했으며, 그 신들 중 프로메테우스가 인간과 동물을 창조합니다.

이 이야기는 바로 인간이 근원적으로 가진 천지 창조에 대한 궁금증을 풀어주는 해답이라고 볼 수 있습니다. 신화 속에서 인간이 신의 모습을 본떠 만들어지고, 다른 생물들보다 월등하게 묘사되는 것은 아마도 이 이야기를 만든 인간 자신이 스스로를 고귀한 존재라 생각했기 때문일 것입니다.

하지만 그럼에도 불구하고 신화 속에 등장하는 인간은 아주 불완전한 존재로 나옵니다. 프로메테우스가 불을 전해 주기 전까지는 나약하고 미개한 존재로 그려지지요. 이 이야기는 그에 대한 답도 제시하고 있습니다. 프로메테우스와 에피메테우스가 인간을 만들 때, 다른 동물에게는 생존에 필요한 능력을 나누어 주었는데, 오직 인간에게만은 나누어 주지 못한 것입니다.

어떻게 보면 인간이 지금까지 이룩해 온 문명은 인간 스스로 이러한 나약함을 알고, 그것을 극복하기 위해 노력한 결과가 아닌가 싶습니다. 비록 프로메테우스의 도움을 받긴 했지만, 그 후 세상을 변화시키고 발전시킨 것은 인간의 의지니까요.

이 이야기는 우리에게 인간이 본디 지닌 나약함을 깨닫게 해 주고, 동시에 그것을 어떻게 극복할 것인가에 대한 물음을 제시하는 듯합니다.

올림포스 신들의 계보

크로노스 + 레아
하데스
지하 세계의 왕
포세이돈
바다의 신
제우스
신들의 왕
헤라
신들의 여왕,
제우스의 아내
헤스티아
난로·불의 여신
데메테르
대지의 여신
아테나
지혜 · 전쟁의 여신
제우스 + 메티스
아폴론
의술 · 음악의 신
제우스 + 레토
아르테미스
사냥 · 순결의 여신
아스클레피오스
의술의 신
아레스
전쟁의 신
제우스 + 헤라
헤파이스토스
대장간의 신
제우스 + 디오네
아프로디테
헤파이스토스의 아내,
미의 여신
에로스
사랑의 신
헤르메스
신들의 전령,
상업의 신
제우스 + 마이아
디오니소스
술의 신
제우스 + 세멜레
페르세포네
하데스의 아내
지하 세계의 여왕
제우스 + 데메테르

그리스 로마 신화 주요 인물의 이름

그리스 어	로마 어	영어
가이아	텔루스	
니케	빅토리아	나이키, 빅토리
데메테르	케레스	세레스
디오니소스	바쿠스	바커스
레아	키벨레	시벨레
아레스	마르스	마스
아르테미스	디아나	다이애나
아테나	아테네, 미네르바	
아폴론	아폴로	아폴로
아프로디테	베누스	비너스
에로스	쿠피드, 아모르	큐피드
오디세우스	울릭세스	율리시스
우라노스	카일루스	유러너스
제우스	유피테르	주피터
크로노스	사투르누스	새턴
페르세포네	프로세르피나	
포세이돈	넵투누스	넵튠
하데스	플루톤	플루토
헤라	유노	주노
헤라클레스	헤르쿨레스	허큘리스
헤르메스	메르쿠리우스	머큐리
헤스티아	베스타	
헤파이스토스	불카누스	벌컨

그리스 로마 신화 올림포스 가디언 1

세상의 시작, 제우스의 탄생

펴낸이 양원석
펴낸곳 ㈜알에이치코리아
등록 2004년 1월 15일 제2-3726호
주소 서울특별시 금천구 가산디지털2로 53, 20층 (한라시그마밸리)
문의전화 02)6443-8800

ISBN 978-89-255-4356-7(74800)
ISBN 978-89-255-4354-3(세트)

값 **12,800원**

원작 만화로 보는 그리스 로마 신화(가나출판사)
이광진 엮음, 홍은영 그림
명화 구입처 유로크레온(주)

※잘못된 책은 구입하신 곳에서 바꾸어 드립니다.
※책 모서리가 날카로워 다칠 수 있으니 사람을 향해 던지거나 떨어뜨리지 마십시오.

알에이치코리아 홈페이지와 카페, SNS로 들어오시면 자사 도서에 대한 더 많은 정보와 다양한 이벤트 혜택을 확인할 수 있으며, E-book몰에서는 전자북으로도 만나볼 수 있습니다.

주니어RHK 홈페이지 http://jrrhk.com | **E-book몰(RHK북스)** http://ebook.rhk.co.kr | **북카페** http://cafe.naver.com/randomhousekorea
페이스북 https://www.facebook.com/rhk.co.kr | **트위터** @randomhouse_kr | **유튜브** http://www.youtube.com/randomhousekorea